LES PLAINTES

ET

LE VŒU

DES DÉPARTEMENS TOUJOURS FRANÇAIS

COMPOSANT

L'ANCIENNE BELGIQUE,

ADRESSÉS

A S. M. L'EMPEREUR NAPOLÉON.

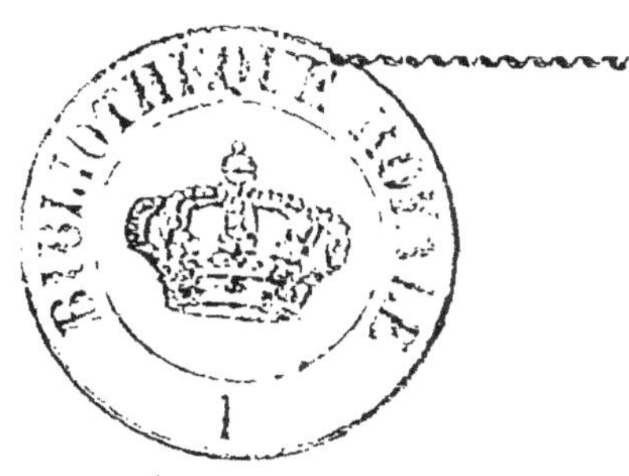

PARIS.

AVRIL 1815.

DE L'IMPRIMERIE DE Mme Ve JEUNEHOMME,
rue Hautefeuille, n° 20.

LES PLAINTES

ET

LE VOEU

DES DÉPARTEMENS TOUJOURS FRANÇAIS

COMPOSANT

L'ANCIENNE BELGIQUE,

ADRESSÉS

A S. M. L'EMPEREUR NAPOLÉON.

———

SIRE,

NOUS ne sommes pas moins sensibles à l'honneur que nos frères de l'ancienne France; vous venez de la délivrer, cette mère-patrie, d'un gouvernement qui la laissait avilie à la merci de l'étranger; vous venez de rendre au Peuple français des droits pour lesquels il a combattu pendant vingt-cinq ans, et par vous, l'armée a reconquis l'honneur qu'on voulait lui ravir.

Nous, SIRE, qui depuis si long-temps faisons partie intégrante de la grande nation; nous

1.

qui avons constamment suivi vos drapeaux , et mêlé notre sang à celui de nos frères pour soutenir des intérêts communs ; nous qui vous avons ouvert nos trésors, et vu vendre un tiers de notre territoire au profit de la France, serons-nous exclus de vos bienfaits , et notre récompense pour tant de sacrifices sera-t-elle l'abandon et l'esclavage ?

Jamais nos regards n'ont cessé de se tourner vers la France ; écoutez nos vœux ; écoutez nos plaintes ; écoutez celles de nos frères les Liégeois et des départemens du Rhin, nos sentimens unanimes sont invariables.

La maison d'Autriche nous a vendus à l'Angleterre ! Non seulement nous avons été le prix du remboursement des emprunts faits par elle à cette nation ; mais encore il a fallu envoyer à Vienne, tous les mois, une grande partie de notre numéraire pour acquitter le prix des chaînes que nous portons.

Devenus province anglaise, sous le nom de *royaume des Pays-Bas*, notre ruine est consommée si vous ne venez promptement à notre secours.

Notre noblesse , entichée de ses vieux préjugés, d'accord avec nos tyrans, qui lui ont donné toutes les places du gouvernement, voudrait nous rendre les droits féodaux, les dîmes, etc., faire renaître la représentation par ordres, et nous régir encore comme au quatorzième siècle.

Non seulement notre commerce est détruit, nos manufactures sont ruinées; mais nous restons accablés sous des impôts de tout genre; opprimés par les Hollandais, écrasés de logemens militaires par les Hanovriens, les Prussiens, vexés par les Anglais, nous allons être forcés de donner le reste de notre or et le sang de nos enfans pour soutenir leur cause impie. — La landwehr nous menace.

« Resserrés, garottés par des lignes de
« douanes, elles se ferment impitoyablement
» à l'aspect de nos produits, et s'ouvrent avec
» complaisance pour inonder nos villes et nos
» campagnes de marchandises anglaises.

» Nos belles manufactures, élevées avec
» tant de peine, à tant de frais, au milieu des
» vicissitudes de la guerre, languissent et
» tombent sans espoir que leurs produits des-
» cendent jamais au vil prix des marchan-
» dises de l'étranger que des primes indem-
» nisent. Déjà nos ouvriers sont obligés de
» quitter le sol qui les vit naître, et qui
» ne leur offre plus ni travail ni ressources;

» nos fabriques n'emploient à peine que le
» quart des ouvriers, occupés dans les mo-
» mens les plus malheureux de la guerre.

» La ruine, la dépopulation de nos belles
» provinces s'avancent à grands pas, et ce
» que les fureurs du duc d'Albe et l'aspect
» hideux de l'inquisition n'ont pu faire, sera
» l'ouvrage de nos prétendus libérateurs.

» Qui nous protégera dans cette décadence
» funeste, si ce n'est vous, SIRE? L'Angleterre
» soutire notre numéraire, c'est elle qui
» ruine nos fabriques; son œil jaloux a déjà
» vu à quel degré de perfection se sont élevés
» nos mécaniques et nos produits; elle a
» compté avec rage les nombreux établisse-
» mens de manufactures que renferment nos
» cités, qui fleurissent dans nos campagnes;
» elle a calculé nos immenses capitaux; elle
» a vu notre population toute manufactu-
» rière, et connaît notre amour pour le tra-
» vail; elle n'ignore rien des sources pré-
» cieuses de notre commerce.... et l'Angle-
» terre l'encouragerait! Non; son intérêt est
» évidemment d'étouffer tous les élémens de
» notre prospérité.

» Sera-ce la Hollande qui nous protégera?
» La Hollande n'est plus comme nous qu'une

» province anglaise, sa religion , son intérêt
» nous séparent; elle ne peut ni ne veut en-
» courager l'industrie et le commerce des
» Belges: car, en ce cas , Anvers seule dépeu-
» plerait Amsterdam.

» Serons-nous protégés par la Prusse, qui
» doit chercher des secours contre nous-
» mêmes, contre la haine que nous a inspirée
» sa domination ? Les Prussiens ont tout fait
» pour la mériter ; jamais on ne poussa si loin
» les vexations, l'abus de la force, la barbarie
» et les calamités de la guerre.

» Devons-nous compter sur l'Autriche ?
» Cette puissance nous a vendus aux Anglais
» pour tourner toutes ses vues vers l'Italie;
» d'ailleurs notre situation et nos priviléges
» la rendirent toujours indifférente à notre
» bien-être intérieur.

» Nos craintes, justifiées par les événemens
» présens, naissent de l'expérience des temps
» passés. Ce n'est point la première fois que
» le sort des armes a mis nos provinces sous
» la main des puissances qui nous gouver-
» nent aujourd'hui; nous n'avons pas oublié
» qu'après la belle campagne de Marlborough,
» en 1706, les Anglais et les Hollandais s'em-
» parèrent du gouvernement des Pays-Bas au

» nom de Charles III, roi d'Espagne, et qu'à
» l'abri d'un conseil d'état national, mais qui
» leur était vendu ou soumis, leurs commis-
» saires rendirent, sous le titre de *réquisi-*
» *tions*, des arrêts meurtriers pour notre
» prospérité à peine renaissante. C'est du 23
» juin, de cette même année, que date la dé-
» sastreuse *réquisition* qui annulla les belles
» ordonnances qu'avaient provoquées en
» 1698 et 1699 les chambres de commerce
» de nos principales villes en faveur des ma-
» nufactures du pays, et A L'EXCLUSION DES
» PRODUITS DE FABRIQUE ÉTRANGÈRE. A cette
» époque le commerce belge venait de s'af-
» franchir du tarif onéreux de 1680, et les
» commissaires des puissances maritimes
» s'empressèrent de le rétablir. Des canaux
» s'ouvraient pour faciliter nos relations dans
» l'intérieur, un arrêt des commissaires les
» les faisait combler. L'Escaut fut rigoureuse-
» ment fermé, ainsi que les canaux y abou-
» tissans, et des droits excessifs pesèrent
» sur le commerce pour le décourager et
» l'anéantir.

» C'est l'Angleterre et la Hollande qui firent
» confirmer tous ces actes destructeurs par
» le malheureux traité d'Anvers en 1715,
» connu sous le nom de la BARRIÈRE.

» C'est l'Angleterre et la Hollande qui,
» jalouses de notre industrie , ennemies de
» notre prospérité, soulevèrent toute l'Europe
» contre une compagnie de négocians établie
» à Ostende, et la firent dissoudre par l'em-
» pereur lui-même qui l'avait encouragée.

» C'est l'Angleterre et la Hollande qui,
» par l'article 5 du traité de Vienne, aboli-
» rent à jamais tout commerce et navigation
» des Pays-Bas, vers les Indes orientales et
» occidentales, etc., etc. , etc. Et voilà les
» maîtres qu'on nous donne aujourd'hui !

» SIRE , écoutez les plaintes et les vœux
» d'un peuple fidèle, ils retentissent dans
» toute la Belgique; son salut est dans les
» lois de la France, dans sa réunion à la
» grande nation, dans la protection immé-
» diate de son Empereur.

» La France seule a intérêt à protéger
» notre commerce , et à conserver notre
» liberté en nous assimilant à la sienne, elle
» seule en a la force; nos cœurs sont a vous,
» SIRE, et , quand vous le voudrez, 100,000
» *Belges s'uniront au premier bataillon*
» *français qui viendra nous donner le titre*
» *de frères.* »

L'Autriche et le cabinet de Saint-James

a-t-il seul le droit de disposer de nous? Et, pour conserver la paix, devons- nous être sacrifiés à l'Angleterre ?

Il faut la paix sans doute , mais il faut avant tout *l'indépendance des Etats;* sans elle on n'aura rien gagné dans la lutte terrible dont nous ne sommes point sortis; sans elle l'Europe ne verra point finir les révolutions.

Il est temps de consulter l'opinion et l'intérêt des peuples : voilà le secret de les rendre heureux, et de consolider une paix qui aura coûté tant de sacrifices au monde. Son bonheur est aujourd'hui dans la modération et l'énergie de la France qui vient de recouvrer son Empereur. Jamais circonstance ne fut plus favorable!

Quand la Russie étend sa domination sur la Pologne, qui n'en veut point ; quand l'Autriche s'empare de l'Italie, qui n'en veut point; quand la Prusse prétend réunir à son empire la Saxe, qui n'en veut point; la France, fière de cinq cent mille braves commandés par un héros, forte de l'opinion de tous ces peuples dont on trafique honteusement, rentrerait-elle dans des limites humiliantes, pourrait-elle se voir, en pleine paix, assiégée, pour ainsi dire, par une armée anglaise, hano-

vrienne, hollandaise et prussienne, qui pèse
sur notre malheureux pays, le dévore et menace le territoire sacré.

Votre majesté, dont les principes de modération doivent rassurer aujourd'hui toute
l'Europe, ajoutera à la nouvelle gloire qu'elle
vient d'acquérir, celle de relever les destinées
de notre patrie ; elle le peut à l'instant, si elle
le veut : car l'Angleterre s'opposerait en vain
à la réunion des Pays-Bas à votre couronne ;
ils sont déjà réunis à la France depuis vingt
ans par leur volonté, ils n'en ont été séparés
que par la force, et ils se réuniront encore à
vous spontanément.

Les énormes sacrifices que l'Angleterre a
faits, et qu'elle fait encore tous les jours
pour maintenir une domination au-dessus de
ses forces et de ses moyens ; l'impossibilité où
sont les puissances continentales d'agir sans
son or ; la difficulté toujours croissante que
trouve son ministère de s'en procurer pour
faire face à tous ses engagemens, difficulté
bien prouvée par le besoin indispensable
aujourd'hui d'une somme extraordinaire de
36 millions sterling, 864 millions de France,
insuffisante encore pour *combler seule-*
ment le déficit de l'année ; la difficulté de

remplir ces emprunts, puisque le dernier
perd aujourd'hui 10 pour cent, et que leur
change, vraie boussole de la prospérité des
peuples, perd 18 pour cent; tout prouve
que si l'Angleterre, pour retenir la Belgique, provoquait une guerre nouvelle, elle
pourrait aussi compromettre, dans une seule
campagne, toutes les forces de sa monar-
chie, et consommer enfin la ruine de ce grand
échafaudage politique et financier, qui ne
repose que sur du papier, des marchandises
et sur l'achat ou le loyer des soldats russes,
prussiens et autrichiens: plus de crédit, plus
d'armées. Et qu'il était prêt d'être anéanti
ce crédit, sans les malheurs de l'année der-
nière ! ! !

Ou la Belgique sera réunie encore à la
France, ou elle sera une province anglaise
comme la Hollande. Mais quelles inquiétudes
ne doit pas donner la politique artificieuse
de l'Angleterre si notre beau pays reste en
ses mains ? « Vous pourrez peut-être, Sire,
» lui pardonner sa domination exclusive et
» despotique sur les mers, elle est néces-
» saire à son indépendance politique, même
» à son existence comme nation ; mais l'Eu-
» rope peut-elle souffrir ses envahissemens

» continuels sur le continent ? Les Anglais
» sont maîtres du cap de Bonne-Espérance,
» de l'île de France, du golfe Persique, de
« tous les points maritimes de l'Inde et d'une
» énorme étendue de territoire. Ils ont en leur
» possession Gibraltar, Messine, l'île de Malte,
» Corfou, etc.; ils se sont approprié le com-
» merce exclusif des deux mondes, et ce-
» pendant leur ambition n'est pas satisfaite. »

Il leur faut encore le royaume de Hano-
vre; et, sous le nom du prince d'Orange, il
leur faut aussi le royaume des Pays-Bas.

Vous ne le souffrirez point, Sire, nous
ne le voulons pas, et la France entière mar-
chera au secours de ses frères opprimés.

Si notre réunion à votre empire n'était
pas maintenue, la Belgique serait constamment l'arêne où l'Angleterre, la Prusse et
la Hollande viendràient disputer avec vos
armées de leurs intérêts. Enveloppés dans
cette lutte sanglante, il ne se tirerait pas
un coup de canon en Europe que nous n'en
soyons les victimes. Réunis à la Hollande,
nous sommes perdus, ruinés à jamais; réunis
à la France, comme elle nous sommes in-
vincibles.

Et qui pourrait nous ravir l'existence que

notre volonté, le pacte social avec la mère-patrie et votre puissance nous avaient assurée? Certes le congrès de Vienne n'a pu rompre ces liens sacrés ; ces engagemens que vous, SIRE, et tous les Français, avez pris avec nous de défendre nos départemens et de nous protéger ; nous avons le même droit à ce secours, à cette protection, que l'Alsace, la Lorraine ou la Bretagne. Vous nous devez aide et assistance, comme nous vous l'avons donnée par notre or, par nos guerriers, et la France entière nous l'a jurée ?

En quelle qualité Louis, le xviiime du nom, ce roi anglais, a-t-il pu disposer de nous ? Et de quel droit une chambre de députés sans pouvoirs, comme sans patriotisme, a-t-elle osé nous ôter le titre de citoyens français que nous avons acquis au prix de notre sang ? Nos assemblées, *vraiment nationales*, ont reconnu, ont consacré notre réunion à votre empire. Et ces mêmes puissances qui veulent aujourd'hui trafiquer de notre patrie, comme elles le font de l'existence et de la liberté de tant d'autres peuples, l'ont reconnue par plusieurs traités solennels.

Votre majesté n'abandonnera pas sans

retour des peuples qui, pendant des siècles, appelèrent la France leur mère-patrie, qui lui sont intimement réunis depuis vingt ans, qui vous ont reçu deux fois au milieu des acclamations de leur amour, et qui seront toujours glorieux de se dire les sujets fidèles du plus grand, du plus sage et du plus éclairé des monarques, d'un prince formé à l'école de l'expérience.

Dans cette nouvelle époque de votre règne, vous proclamez, SIRE, les éternels principes de la liberté des peuples, vous allez devenir leur appui contre l'oppression toujours croissante de ces souverains qui semblent ne s'être réunis que pour trafiquer des nations comme des troupeaux, qui se les vendent en détail et par têtes, tantôt pour de l'or ou en remboursement d'emprunts, tantôt en échange de territoire. L'Italie, la Belgique, la Saxe, la Pologne vous tendent les bras, vous demandent protection, écoutez leurs plaintes amères, écoutez leurs vœux; et nous, SIRE, qui sommes Français depuis vingt ans, ne souffrez pas qu'on nous sépare de la grande famille à laquelle nous avons tout sacrifié, et dont vous préparez le bonheur.

Jadis nous faisions partie des assemblées du

champ de mai; alors nous étions Français ;
votre voix vient de retentir dans nos cœurs,
et le mois de mai verra encore les Belges,
réunis à leurs frères, saluer leur Empereur,
l'élever sur le pavois, et jouir enfin d'un
bonheur constant sous son égide.

Nous sommes avec un profond respect ,

SIRE,

DE VOTRE MAJESTÉ ,

Les très-humbles et fidèles
sujets des départemens
français composant l'an-
cienne Belgique.

Bruxelles, le 27 mars 1815.

*(Ici suivrait un million de signatures si nos plaintes,
si nos vœux n'étaient regardés comme des crimes par
nos tyrans ombrageux.)*